Inhalt

Bilanzierung von Immobilienbeständen nach IAS/IFRS

Kernthesen

Beitrag

Fallbeispiele

Weiterführende Literatur

Impressum

Bilanzierung von Immobilienbeständen nach IAS/IFRS

A.Kaindl

Kernthesen

- Die Umstellung der Bilanzierung von HGB auf IAS/IFRS hat für Unternehmen mit großen Immobilienbeständen sowohl große Auswirkungen auf das ausgewiesene Ergebnis und Eigenkapital als auch auf die mit der Erstellung des Jahresabschlusses verbundenen Kosten.
- Die IAS/IFRS erlauben eine Bewertung der Immobilien zum Marktwert. Problematisch zu beurteilen ist, dass bisher keine internationalen Standards für die Bewertung von Immobilien existieren.

- Unternehmen mit Immobilien-Leasingverträgen müssen ihre Leasingverträge daraufhin überprüfen, ob diese IAS/IFRS-konform sind.

Beitrag

Mögliche Bewertungsverfahren von Immobilien nach IAS/IFRS

Banken werden künftig die Höhe der geforderten Zinssätze vom individuellen Risiko des Kreditnehmers und damit vom erwarteten Ausfallrisiko der ausgereichten Kredite abhängig machen. Die Einschätzung des Risikos des Kreditnehmers erfolgt dabei durch ein Rating. In dieses fließen sowohl qualitative als auch quantitative Eingangsgrößen ein. Zu den wichtigsten quantitativen Eingangsgrößen zählen das bilanzielle Eigenkapital des Kreditnehmers und das Ergebnis vor Abschreibungen, Zinsen und Steuern. Diese Einflussgrößen werden maßgeblich von den angewandten Bilanzierungsvorschriften bestimmt. Nach einer Studie des Deutschen Standardisierungsrates erhöhte sich bei den untersuchten Unternehmen das Eigenkapital im Jahr der Umstellung der Bilanzierung von den

Vorschriften des deutschen Handelsgesetzbuches (HGB) auf die internationalen Bilanzierungsvorschriften IAS/IFRS um durchschnittlich 34 Prozent. (1)

Die Umstellung der Konzernabschlüsse auf IAS/IFRS hat für Unternehmen mit großen Immobilienbeständen wesentliche Auswirkungen: Bei der Bewertung kann zwischen zwei Bewertungsalternativen gewählt werden. Diese Entscheidung hat wesentlichen Einfluss auf das Konzernergebnis und seine Volatilität, auf das ausgewiesene Eigenkapital sowie auf die Kosten des Jahresabschlusses und den internen Organisationsaufwand. (2)

Die Umstellung der Bilanzierung auf IAS/IFRS regelt IFRS 1. Im Rahmen der IFRS-Einführung besteht grundsätzlich ein Wahlrecht, den Immobilienbestand zu fortgeführten Anschaffungs- oder Herstellungskosten oder zum Fair Value (Marktwert, Verkehrswert) in die Eröffnungsbilanz zu übernehmen. Der Fair Value-Begriff zielt auf einen Einigungspreis, der zwischen kompetenten und transaktionswilligen Parteien in einer marktgerechten Transaktion erzielt werden kann. Ob eine Bilanzierung zum Fair Value erfolgen soll, kann für jede Immobilie einzeln entschieden werden. Die Regelung erlaubt den bilanzierenden Unternehmen ein Cherry Picking, also eine Auswahl der Immobilien, bei denen stille Reserven gehoben werden sollen. (1)

Beim weiteren Vorgehen ist zu unterscheiden, ob das Unternehmen die Immobilie betrieblich nutzt oder als Finanzinvestition hält:

Für betrieblich genutzte Immobilien hat das bilanzierende Unternehmen nach IAS 16 für die Folgebewertung ein einmaliges Wahlrecht. Die Folgebewertung kann entweder zu fortgeführten Anschaffungs- oder Herstellungskosten oder mit Hilfe einer regelmäßigen Neubewertung zum Fair Value abzüglich planmäßiger und außerplanmäßiger Abschreibungen vorgenommen werden. Die Bilanzierung zu fortgeführten Anschaffungskosten ist vergleichbar mit der Bilanzierung nach HGB: Die Immobilien werden mit ihren Anschaffungs- bzw. Herstellungskosten bilanziert und über die Nutzungsdauer abgeschrieben. Dadurch entstehen stille Reserven, wenn der am Markt erzielbare Wert der Immobilie erhalten bleibt oder ansteigt. Bei Veräußerung dieser Immobilie werden diese ergebniswirksam gehoben. Entscheidet sich ein Unternehmen, seine Immobilien zu fortgeführten Anschaffungs- oder Herstellungskosten zu bewerten, müssen die Marktwerte der Immobilien im Anhang angegeben werden. Bei der Fair-Value-Bewertung werden Wertzuschreibungen erfolgsneutral direkt im

Eigenkapital in einer Neubewertungsrücklage erfasst. Wertminderungen, die eine für die Immobilie gebildete Neubewertungsrücklage übersteigen, sind dagegen erfolgswirksam in der Gewinn- und Verlustrechnung (GuV) zu erfassen. Diese Methode erfordert eine zuverlässige Ermittlung der Zeitwerte. Als wesentlicher Vorteil der Bewertung zum Fair Value wird die höhere Transparenz genannt, da stille Reserven aufgedeckt werden. Der Bilanzleser erkennt die Entwicklung der Verkehrswerte im Zeitablauf. Zu berücksichtigen ist, dass die Ermittlung der Fair Values ganz wesentlich von Zukunftseinschätzungen abhängt. Kritiker der Fair Value-Bilanzierung betonen, dass hierdurch ein großer Spielraum bei Marktwerten und Ergebnis entsteht. [1], [2]

Für als Finanzinvestition gehaltene Immobilien besteht nach IAS 40 für deren Folgebewertung ein einmaliges Wahlrecht zwischen einer Bilanzierung zu fortgeführten Anschaffungs- oder Herstellungskosten oder einer regelmäßigen Bewertung zum Fair Value. Im Unterschied zu IAS 16 werden Wertsteigerungen jedoch nicht ergebnisneutral in eine Neubewertungsrücklage eingestellt, sondern gehen als Ertrag in die GuV der jeweiligen Periode ein. Korrespondierend führen Wertminderungen zu Ergebnisminderungen. Bei einer Bewertung zu fortgeführten Anschaffungs- oder Herstellungskosten müssen die Marktwerte der Immobilien im Anhang angegeben werden. (1)

Bilanzierungsprobleme und mögliche Bilanzierungsauswirkungen

Über eine objektive Messbarkeit des Fair Value von Immobilien herrschen noch erhebliche Zweifel, da noch keine verbindlichen internationalen Standards existieren. Nach den Vorgaben des International Accounting Standards Board (IASB) kommen grundsätzlich alle international anerkannten Marktwertermittlungsmethoden in Betracht. Bei der Bewertung sind klassische Kennziffern, wie der Stand der Vorvermietung bei gewerblichen Immobilien, die Laufzeit der Mietverträge, sowie die Zusammensetzung und Bonität der Mieter angesichts des Paradigmenwechsels von einer angebots- zur nachfrageorientierten Entwicklung von entscheidender Bedeutung. Denn die Immobilienmärkte unterliegen einem starken Wandel, der die gesamtwirtschaftlichen Veränderungen widerspiegelt. (7), (8)

Eine Bewertung der Immobilien nach IAS/IFRS muss nicht zwangsläufig zur Aufdeckung von stillen

Reserven führen. Eine mögliche Erkenntnis kann auch sein, dass sich die Kapitalstruktur besser durch eine rechtzeitige Desinvestition stärken lässt oder dass über eine Sale-and-Lease-Back-Lösung günstiger Liquidität beschafft werden kann als über einen Investitionskredit. (7)

Die konkrete Auswirkung der Bilanzierung des Immobilienvermögens nach IAS/IFRS auf das Ratingurteil ist differenziert zu betrachten. Einerseits ist durch die Verbesserung der wesentlichen Kennzahlen eine positive Auswirkung auf das Rating zu vermuten, andererseits finden durch die Umstellung auf IAS/IFRS keine operativen oder strategischen Veränderungen des Unternehmens statt, die eine Ratingverbesserung auf Grund verminderter Ausfallwahrscheinlichkeiten der Firmenkredite rechtfertigen. (1)

Notwendige Anpassungen der Immobilien-Leasingverträge an IAS/IFRS

Für viele Unternehmen stellt das Immobilien-Leasing einen wichtigen Aspekt ihrer Bilanzpolitik dar. Damit verbundene Vorteile sind Bilanzneutralität,

Verbesserung der Eigenkapitalquote und Liquiditätserhalt. Da nach deutschem Handelsrecht geleaste Immobilien nicht beim Leasingnehmer, sondern beim Leasinggeber bilanziert werden, sind die gewünschten schlanken Bilanzstrukturen besser erreichbar. Anders sieht es nach einer Bilanzierung nach IAS/IFRS aus. Beim Übergang auf IAS/IFRS kann es passieren, dass Unternehmen geleaste Immobilien in die Bilanz aufnehmen müssen, wenn sie ihre Leasingverträge nicht rechtzeitig an die neuen Vorschriften anpassen. (3)

Damit nach IAS/IFRS Leasingobjekte bei der Leasinggesellschaft zu bilanzieren sind, müssen ganz andere Kriterien erfüllt sein als nach HGB. So darf z.B das Leasingobjekt am Ende der Leasingdauer nicht mehr automatisch auf den Leasingnehmer übergehen und die Laufzeit des Leasingvertrags darf nicht länger als 75 Prozent der wirtschaftlichen Nutzungsdauer des Leasinggutes sein. Außerdem sind die wirtschaftlichen Chancen und Risiken einer Investition unter den Leasingpartnern IAS/IFRS-konform zu gestalten und marktgerechte Restwerte der Leasingobjekte anzusetzen. Strengere Auflagen betreffen aber nicht nur die Kalkulation und Bewertung der Leasingobjekte zum Zeitpunkt des Mietendes. Der Leasingnehmer darf nicht mehr als die Hälfte des Risikos tragen, das darin besteht, dass ein Leasinggut am Ende der Vertragsdauer weniger wert ist als kalkuliert. Mindestens 50 Prozent dieses Risikos muss der Leasinggeber tragen. (3)

Auslagerung von Immobilienbeständen in Immobilienfonds

Bei vielen Unternehmen sind die Immobilien einer der größten Posten auf der Aktivseite der Bilanz und binden viel Kapital. Deshalb denken zahlreiche Unternehmen über die Auslagerung von betrieblichen Immobilienbeständen nach. Dahinter steht nicht nur der Wunsch nach einer Verbesserung der Rentabilität der Immobilien, sondern auch die Überlegung, dass durch die Herausnahme aus den Unternehmensbilanzen die Renditekennziffern im Sinne des Shareholder-Value gesteigert werden. In manchen Fällen ist sogar eine Verrechnung von bilanziellen Immobilienwerten mit Rückstellungen für Pensionen von Mitarbeitern möglich. Die Übertragung von Immobilien in ein anderes Rechtsumfeld führt zwangläufig dazu, dass die mit der Immobiliennutzung verbunden Kosten quantifiziert und in Rechnung gestellt werden müssen. (9)

Durch eine Übertragung betrieblicher Immobilienbestände auf offene Immobilienfonds lässt sich eine Verrechnung mit Pensionsrückstellungen des auslagernden Unternehmens erreichen. So können Anteile an einem offenen Immobilienfonds an eine nahe stehende Pensionskasse übertragen werden, die ihrerseits Pensionsverpflichtungen des auslagernden Unternehmens übernimmt. (9)

Fallbeispiele

IAS/IFRS-konforme Leasingverträge führen dazu, dass Leasingfirmen höhere Risiken übernehmen müssen. Deshalb hat die Münchener LHI Leasing GmbH als erste Leasinggesellschaft ein Bewertungs- und Ratingtool namens REALYS entwickelt, das den internationalen Rechnungslegungsvorschriften gerecht wird und den Nachweis über die Erfüllung der IAS/IFRS-Kriterien ermöglicht. Dieses Prognosetool ist mit namhaften Wirtschaftsprüfungsgesellschaften abgestimmt und branchenweit anerkannt. (3)

Der Mischkonzern ThyssenKrupp prüft den Verkauf seiner Immobilien. Das Unternehmen hat seriösen

Interessenten die Möglichkeit gegeben, ein Angebot abzugeben. Dabei sei aber noch keine Vorentscheidung über einen Verkauf gefallen. Für das Unternehmen ist es von Interesse, wie externe Dritte den Wert der Immobilien sehen, da der Konzern derzeit im Zusammenhang mit der Umstellung der Rechnungslegung im Geschäftsjahr 2005/2006 von US-GAAP auf IAS/IFRS seine rund 49.000 Wohneinheiten sowie zahlreiche betrieblich genutzte und nicht genutzte Grundstücke neu bewertet. (4), (5), (10)

Weiterführende Literatur

(1) Eine Frage der Methode
aus FINANCE - Der Markt für Unternehmen und Finanzen Heft 11 vom 29.10.2004, Seite 064

(2) Linie oder Wellen
aus FINANCE - Der Markt für Unternehmen und Finanzen Heft 9 vom 27.08.2004, Seite 078

(3) O.V., Das Risiko des Restwerts, Was Unternehmen beachten müssen, wenn sie ihre Leasingverträge an die IFRS anpassen, Süddeutsche Zeitung vom 27.10.2004, Ausgabe Deutschland, S. 18
aus FINANCE - Der Markt für Unternehmen und Finanzen Heft 9 vom 27.08.2004, Seite 078

(4) ThyssenKrupp erwägt Verkauf seiner Immobilien

Wert der 49 000 Wohnungen wird auf 1,5 Mrd. Euro taxiert
aus Financial Times Deutschland vom 19.08.2004, Seite 3

(5) Thyssen Krupp holt Angebote für Immobiliensparte ein
aus Die Welt, Jg. 59, 19.08.2004, Nr. 193, S. 21

(6) Immobilien zur Sicherung der Liquidität nutzen Mit geeigneten Leasingverträgen Potenziale der internationalen Rechnungslegung optimal ausschöpfen
aus Börsen-Zeitung, 14.08.2004, Nummer 156, Seite B2

(7) "Betongold" - ein Schatz, der nicht blank genug geputzt werden kann Die Rechnungslegungsmethode IFRS lässt Immobilien in einem neuen Licht erscheinen - Es gibt aber auch Schattenseiten
aus Börsen-Zeitung, 02.10.2004, Nummer 191, Seite B4

(8) Marktwerte statt Buchwerte
aus Frankfurter Allgemeine Zeitung, 10.09.2004, Nr. 211, S. 43

(9) Viele betriebliche Immobilien-Transaktionen scheitern
aus Frankfurter Allgemeine Zeitung, 27.08.2004, Nr. 199, S. 45

(10) ThyssenKrupp prüft Angebote Zum Verkauf der Immobilien noch keine Vorentscheidung -

Neubewertung
aus Börsen-Zeitung, 19.08.2004, Nummer 159, Seite 10

(11) Weltgrößter Immobilienverband RICS sieht
Mängel bei Transparenz und Rechenschaftspflicht
Neue Diskussionen um Immobilienbewertung
aus Die Welt, Jg. 59, 26.10.2004, Nr. 251, S. 24

Impressum

Bilanzierung von Immobilienbeständen nach IAS/IFRS

Bibliografische Information der deutschen Nationalbibliothek

Die Deutsche Nationalbibliothek verzeichnet diese Publikation in der deutschen Nationalbibliografie; detaillierte bibliografische Daten sind im Internet über http://dnb.d-nb.de abrufbar.

ISBN: 978-3-7379-1322-5

© 2015 GBI-Genios Deutsche Wirtschaftsdatenbank GmbH, Freischützstraße 96, 81927 München, www.genios.de

Alle Rechte vorbehalten. Dieses Werk ist einschließlich aller seiner Teile – z.B. Texte, Tabellen und Grafiken - urheberrechtlich geschützt. Jede Verwertung außerhalb der Grenzen des Urheberrechtsgesetzes bedarf der vorherigen Zustimmung des Verlags. Dies gilt insbesondere auch für auszugsweise Nachdrucke, fotomechanische

Vervielfältigungen (Fotokopie/Mikroskopie), Übersetzungen, Auswertungen durch Datenbanken oder ähnliche Einrichtungen und die Einspeicherung und Verarbeitung in elektronischen Systemen.